Mutter Teresa

Öffne dein Herz wie ein Kind

W0088210

HERDER / SPEKTRUM

Band 4747

Das Buch

Spirituelle Wegweisung und eine Schritt-für-Schritt-Anleitung, um im Alltag Tiefe und Heilung zu finden. Ein Buch für alle, die nach einer meditativen Inspiration suchen, das Gebet, das in uns selber ist, zum Leben und zur Sprache zu bringen. Ihr Leben war selbst ein spiritueller Vollzug. Ihre Worte erinnern uns daran, wie so etwas möglich ist – und vielleicht auch im eigenen Leben Wirklichkeit werden kann. Stimmen zu dem vorliegenden Buch: „Mutter Teresa hat immer mit ihren Taten, ihrem Leben gebetet. Denken, Reden und Sein waren für sie eine völlige Einheit – ein solider Grund für authentische Meditation" *(Thich Nhat Hanh).* „Mit diesem Schatz ihrer Gedanken zum Gebet schenkt sie der Welt eine weitere Wohltat" *(Jimmy Carter).* „Dieses Buch ist ein großartiges Geschenk. In dieser herausragenden Sammlung von Worten Mutter Teresas wird uns gezeigt, wie wir unser inneres Leben kultivieren und das zum Gebet machen können, was in uns lebt" *(Susannah Heschel, jüdische Theologin).*

Die Autorin

Mutter Teresa, 1910–1997, gründete 1949 die „Missionarinnen der Nächstenliebe". Friedensnobelpreisträgerin. Bei Herder/Spektrum: Zeiten der Barmherzigkeit (Band 4373); Die Sprache des Herzens (Band 4616).

Mutter Teresa

Öffne dein Herz
wie ein Kind

Ein Meditationsbuch für den Alltag

Vorwort von Larry Dossey

Herausgegeben von Anthony Stern

Aus dem Englischen
von Leonie Höhren-Seeber

Herder
Freiburg · Basel · Wien

Gedruckt auf umweltfreundlichem,
chlorfrei gebleichtem Papier

Deutsche Erstausgabe
Alle Rechte vorbehalten – Printed in Germany
© dieser Ausgabe: Verlag Herder Freiburg im Breisgau 1999
Titel der amerikanischen Originalausgabe:
Everything starts from prayer. Mother
Teresas Meditations on Spiritual Life for people of All Faiths.
White Cloude Press, Ashland, OR 1999.
© 1998 Anthony Stern, M.D. Published by arrangement
with Steven Scholl.
Satz: Fotosetzerei G. Scheydecker, Freiburg i. Br.
Herstellung: Freiburger Graphische Betriebe 1999
Umschlaggestaltung: Joseph Pölzelbauer
Umschlagfoto: action press
ISBN 3-451-04747-0

INHALT

VORWORT

von Larry Dossey, M.D.

Beten gehört zu den grundlegendsten Dingen, die ein Mensch in seinem Leben tun kann. Durch die ganze Geschichte hat es uns vorangebracht in unseren größten Visionen, und es bestimmt Sinn und Zweck unserer Handlungen. Sich die Entwicklung irgendeiner Kultur ohne Gebet vorzustellen ist unmöglich. Beten ist universal. Wir wissen von keiner Gesellschaft, in der das Gebet nicht seinen Platz hatte.

Beten hat viele Gesichter. Es gibt Bittgebete, Fürbittgebete, Dankgebete und Gebete der Anbetung. Doch ein Faden verknüpft alle Gebete: Welche Form es auch haben mag, *Gebet ist eine Brücke zum Absoluten,* ein Weg der Verbindung mit etwas Höherem, Weiserem und Mächtigerem als das einzelne Wesen es ist.

Viele Menschen glauben, daß Beten in unserem modernen wissenschaftlichen Zeitalter altmodisch ist, daß Gebet und Wissenschaft nicht zu vereinen sind und daß Beten in den Bereich des Aberglaubens und der Phantasterei gehört. Jedoch ist es eine der großen Ironien des modernen Zeitalters, daß Befürworter des Gebetes und Verfechter der Wissenschaften gemeinsam in einem neuen und überraschenden Dialog begriffen sind. Dies geschieht auf drei unterschiedliche Weisen.

Zuerst: Ein hoher Anteil von Wissenschaftlern glaubt heute an ein Allerhöchstes Wesen, das auf Gebete antwortet. Das mag wie ein Schock wirken auf Leute, die gelernt haben, daß ernsthafte Wissenschaftler nicht gleichzeitig an das Absolute glauben und gute Wissenschaft betreiben können. 1997 jedoch befragten Forscher in wissenschaftlichen Untersuchungen Biologen, Physiker und Mathematiker über ihren religiösen Glauben.[1] Sie fanden heraus, daß 39 Prozent von ihnen an Gott glauben – genauer, sie glauben an einen Gott, der auf Gebete antwortet. Der höchste Prozentsatz von Gläubigen wurde unter den Mathematikern gefunden, die das praktizieren, was viele Menschen für die reinste Art von Wissenschaft halten, die es überhaupt gibt. Und so sehen wir, daß die weitverbreitete Ansicht, Wissenschaft sei gottlos, Atheisten seien die besten Wissenschaftler und Gebet und Wissenschaft könnten nicht nebeneinander bestehen, einfache Klischeevorstellungen sind, die in Frage gestellt werden müssen.

Zweitens: Mediziner, die die Wirkung des Gebets untersuchen, fanden zwingende Beweise für den Nutzen von Gebet, Meditation und Besinnungszeiten bei Personen, die beten.[2] Der Körper scheint das Gebet gern zu haben und antwortet mit Gesundung im Herz- und Gefäßsystem, Immunsystem und anderen Systemen des menschlichen Körpers. Aber noch interessanter sind Untersuchungen, die zeigen, daß Fürsprachegebete oder Gebete aus der Ferne ebenfalls einen Erfolg haben, selbst dann, wenn der Mensch, für den gebetet wird, sich nicht bewußt ist, daß für ihn gebetet wird, und eine große Entfernung zur betenden Person besteht. Diese Studien sind zahlreich, sie sind von vielen Wissenschaftlern wiederholt worden und haben nicht nur menschliche, sondern auch nichtmenschliche Empfänger von Gebeten betroffen. Dieser letzte Punkt ist wichtig: Wenn die Erfolge des Gebets sich auf Tiere und Pflanzen erstrecken, können sie nicht nur als bloß positives Denken oder als Placebo-Effekt beschrieben werden.

Die dritte größere Entwicklung, die eine Synthese von Wissenschaft und Gebet ankündigt, ist das jüngste Auftauchen von wissenschaftlichen Theorien über die Natur des Bewußtseins.[3] Im allgemeinen gehen diese Ansichten über die alte Idee hinaus, daß die Wirkung des Geistes auf das individuelle Gehirn und den Körper beschränkt bleiben. Diese neuen Theorien erlauben es, daß das Bewußtsein außerhalb des Körpers wirken kann, vielleicht durch fürsprechendes Gebet. Im Lichte dieser neuen Denkweise über das Bewußtsein scheint es nicht länger unerhört, sondern naheliegend zu sein, das Gebet könne aus der Entfernung wirken, um tatsächliche Wandlungen in der Welt herbeizuführen.

In Untersuchungen über Fürsprachegebete haben Forscher keine Verbindung zwischen der Religionszugehörigkeit des Betenden und den Gebetserfüllungen gefunden. Dies bestätigt die Ansicht, daß das Gebet universal ist, daß es nicht nur einer speziellen Religion angehört, sondern der ganzen Menschheit. Die

Erkenntnisse bestätigen die Wichtigkeit der religiösen Toleranz, verpflichten uns, die Beter und geistlichen Seher anderer religiöser Traditionen zu ehren, und es hat keine Bedeutung, wie weit sie von unserer eigenen entfernt sind.

Obwohl die persönliche Religion nicht mit der Wirkung des Gebetes in Beziehung gesetzt werden kann, wie experimentelle Studien zeigen, gibt es einen Faktor, der einen großen Unterschied macht. Das ist der Umstand, der ganz altmodisch lautet: *Liebe*. Ohne Liebe bewirken die Gebetsversuche wenig, tatsächlich mißglücken sie sogar oft. Als Arzt fasziniert mich diese Erkenntnis. Heiler haben durch die ganze Geschichte einstimmig die Wichtigkeit von Mitleid, Fürsorge und Einfühlungsvermögen für den Patienten verkündet. Die besten Ärzte, die ich kenne, setzen auf die Kraft der Liebe und Fürsorge bei der Heilung. Sie glauben, daß Penicillin kraftvoll wirkt, in Verbindung mit Liebe aber noch wirkungsvoller ist.

Es sind besonders diese beiden Punkte – die Rolle der religiösen Toleranz und die Stellung von Liebe und Mitleid im Gebet –, durch die ich mich mit Mutter Teresas Arbeit und Schriften besonders verbunden fühle. Anthony Stern macht in seiner Einleitung zu diesem Buch darauf aufmerksam: Mutter Teresa stellte fest: „Ich habe immer gesagt, wir sollten einem Hindu helfen, ein besserer Hindu zu werden, einem Muslim, ein besserer Muslim zu werden, einem Katholiken, ein besserer Katholik zu werden."

Es gibt da eine Geschichte über Mutter Teresa, die

ihre Toleranz bestätigt. Ich habe diese Geschichte immer bewundert – unabhängig davon wie authentisch auch immer sie sein mag. Ein aufdringlicher Reporter fragte sie einmal: „Sind Sie eine Heilige?" Ohne zu zögern, stupste sie dem jungen Mann mit einem schwieligen Finger an die Brust und sagte: „Ja, und du bist es auch!"

Mutter Teresa würde zweifellos darauf bestehen, daß das Gebet keine wissenschaftliche Bestätigung braucht, und ich würde dem zustimmen. Die Menschen erproben das Gebet jeden Tag in ihrem Leben, und das Leben ist der wichtigste Ort überhaupt, dies zu erproben. Aber da die Wissenschaft eine der mächtigsten führenden Faktoren im modernen Leben ist, wären wir dumm, nicht zu beachten, was sie über das Gebet zu sagen hat, besonders da so viele ihrer Kommentare positiv Stellung dazu nehmen.

Einer der bemerkenswertesten Trends in der modernen Medizin ist die Rückkehr zum Gebet.[4] Vor drei Jahren noch gab es nur in drei medizinischen Ausbildungsstätten in den Vereinigten Staaten Kurse, die die Rolle von Religion und spiritueller Praxis in der Gesundheit erforschten, gegenwärtig tun dies nahezu dreißig.[5] Anerkannte Forscher prüfen die Wirkung des Gebets bei der Heilung in verschiedenen medizinischen Ausbildungsstätten, Krankenhäusern und Forschungsinstituten; nationale Konferenzen über den Zusammenhang von Spiritualität und Gesundheitsfürsorge werden zur Regel.

Wo immer sie ist, Mutter Teresa wird lächeln.

Larry Dossey, M. D., ist verantwortlicher Herausgeber der Zeitschrift „Alternative Therapies" und Autor mehrerer Bücher. In deutsch erschienen: Wahre Gesundheit finden. Krankheit und Schmerz aus ganzheitlicher Sicht. Vorw. v. Veronica Carstens, aus d. Amerik. v. Erwin Schumacher, München 1991.

Anmerkungen

1 E. J. Larson, Scientists are still keeping the faith, in: Nature (April 1997), S. 345.
2 Larry Dossey, Healing Words: The Power of Prayer and the Practice of Medicin, HarperSanFrancisco, San Francisco 1993; deutsch: Larry Dossey, Wahre Gesundheit finden. Krankheit und Schmerz aus ganzheitlicher Sicht. Vorwort von Veronica Carstens, München 1991.
3 Larry Dossey, Emerging Theories, in: Be Careful What You pray for, HarperSanFrancisco, San Francisco 1997, S. 190–192.
4 Larry Dossey, The Return of Prayer, Alternative Therapies (1997) S. 10 ff.
5 Jeffrey S. Levin, David B. Larson, Christina M. Puchalski, Religion and Spirituality in medicine: research and education, Journal of the American Medical Association 278 (1997), S. 792–793.

Einleitung

von Anthony Stern, M.D.

Die Frau, die wir alle als Mutter Teresa kennen, war eine fromme Katholikin und Jesus innig ergeben. Sie drückte ihre unaufhörliche Hingabe in mannigfacher Weise aus. Die wichtigste davon war die allseits bekannte Arbeit für die Armen und Kranken. Weniger bekannt sind der Ausdruck ihrer tiefen Achtung für alle Religionen und ihr brennender Wunsch, daß alle Menschen näher zu Gott kommen mögen. Es war solch ein Verlangen danach in ihr, so viele Seelen wie möglich zu erreichen, daß sie schrieb: „Ich habe immer gesagt, wir sollten helfen, daß ein Hindu ein besserer Hindu werde, ein Muslim ein besserer Muslim werde, ein Katholik ein besserer Katholik werde." Und mit ihrem praktischen Sinn für das, was möglich ist, erklärte sie: „Alles beginnt durch das Gebet."

Es ist dieser Geist, in dem die folgende Sammlung von Worten Mutter Teresas dargeboten wird. Ich habe sie aus vielen von Mutter Teresas älteren Schriften zusammengestellt, um so den weitest möglichen Zugang, sowohl für Menschen mit keinem klaren Weg wie auch für solche mit vielfältigen inneren Wegen, zu geben. Ich habe versucht, Perlen der Inspiration herauszusuchen, die zu einem ökumenischen Einstieg in ein Leben des Gebets verhelfen. Und ich habe zum Thema Gebet eine große Anzahl von Mutter Teresas Betrachtungen herausgestellt.

Während Mutter Teresa selbst sich nicht völlig einem universalen Anspruch verpflichtet fühlte, zeigte sich doch die Grundrichtung ihres Denkens bei einer Gelegenheit, als sie einen reichen Mann bat, eine Moschee im Jemen zu bauen, mit der Begründung, daß die muslimischen Brüder und Schwestern dort einen Ort brauchten, um Gott zu begegnen.

In dieselbe Richtung wies ihre Beziehung zu einem ihrer Freunde und Biographen, Navin Chawla. Sie wußte, daß er vom Glauben nichts hielt, ein nahezu atheistischer Hindu war, doch nicht einmal während all der Jahre stellte sie seinen Glauben oder seine Religion in Frage. Aber sie stellte ihm doch immer wieder – um nicht zu sagen: unablässig – die Frage: „Hast du noch nicht zu beten begonnen?"

Betrachten wir auch eines der Projekte, die dem Herzen Mutter Teresas am teuersten waren: ihre Häuser für die Sterbenden, wo jeder die Sterbezeremonien nach seiner eigenen Religion erhielt. Einmal wurde sie belauscht, wie sie einem Sterbenskranken zuflüsterte: „Du sprichst ein Gebet deiner Religion, und ich will ein Gebet sagen, wie ich es kenne. Zusammen werden wir diese Gebete sagen, und es wird etwas Wunderschönes für Gott sein." Bis Anfang der achtziger Jahre starben 17 000 Menschen in diesen Heimen. Als sie den Frieden und die Schönheit ihres Sterbens erlebte, war sie sicher, daß all diese Seelen, gleich welcher

Religion oder Sekte, geradewegs zum Himmel gegangen waren.

Für Mutter Teresa war das Gebet der für alle gültige Weg zu Gott. Ihr eigener geistlicher Berater und Biograph, Edward Le Joly, stellte diesen Punkt ganz klar. Er beobachtete, daß ein Journalist auf einem Flughafen sich ihr näherte mit der Frage: „Haben Sie eine Botschaft für die Menschen in Amerika?" Mutter Teresa sagte nicht: „Gebt mehr!" oder etwa: „Liebt einander mehr!" Vielmehr antwortete sie, ohne zu zögern: „Ja, sie sollten mehr beten!"

Und deshalb, um es noch einmal deutlich zu machen: Das hier vorliegende Buch gibt nun dieselbe Antwort durch dieselbe geistliche Führerin und Lehrerin, nur in einer erweiterten Form. Anstelle ihrer kurz und bündigen Antwort inmitten des geschäftigen Treibens auf einem Flughafen, haben Sie hier eine Sammlung von Texten zur Besinnung, die Sie daheim, in Ruhe bedenken können. Es ist eine größere, erweiterte Version desselben Grundratschlags, derselben Grundbitte: „Betet mehr!"

Die Texte in diesem Buch beziehen sich unmittelbarer auf das persönliche und private Gebet als auf rituelles oder gemeinschaftliches Beten. Das halte ich deshalb so für richtig, weil alles davon abhängt, wie man selbst es beginnt. Individuelles Beten ist kein Ersatz für geistliche Erziehung, Teilen und Anleitung von gemeinschaftlichen geistlichen Praktiken und Gottesdiensten. Doch müssen wir mit dem individuellen Beten beginnen – immer und immer wieder, uns ganz allein ernsthaft damit beschäftigen, bis in die Tiefe unseres Seins, müssen Raum schaffen, für die Gnade, die immer für uns da ist. Unsere auswendig gesprochenen Gebete und die Gebete, die wir in der Gemeinschaft sprechen, können nur dann für eine Vereinigung von religiösen Kräften eine große Bedeutung haben, wenn sie erfüllt sind mit dem Feuer der einzelnen Seelen – der gleichermaßen zarten wie tiefen Energie, die unsere eigenen Seelen ausstrahlen, wenn sie vom Feuer erfaßt sind.

Als Dorothy Hunt über die Idee für die schöne Sammlung von Texten Mutter Teresas „Love. A Fruit Always in Season" (Liebe. Eine Frucht, die in jeder Jahreszeit reift) nachdachte, erbat sie die Erlaubnis, diese Idee zu verwirklichen. Mutter Teresas Antwort: „Mache sie zu einem Gebet." Mach die ganze Arbeit damit zu einem Gebet.

Meine eigene Anregung zum Lesen dieses Buches ist ein Echo ihrer Worte: „Machen Sie daraus ein Gebet." Je ernsthafter und offener Sie sich ihm nähern, desto mehr werden die Worte Sie durchdringen. Je mehr Sie ihm Ihr ganzes Selbst mit ruhiger Einfachheit und Empfänglichkeit nahebringen, desto mehr werden die Gedanken und Gefühle hinter den Worten etwas tief in Ihrem Inneren anrühren. Und je mehr Sie in sich selbst den Wunsch verspüren, in der Gegenwart des Ewigen zu sein, wenn Sie darin lesen, um so wahrscheinlicher wird es geschehen, daß der spirituelle Sinn in den Worten etwas Reales in Ihnen entzünden wird.

In ihrem wunderschönen Buch „A Simple Path" (Ein einfacher Weg) stellt Mutter Teresa Auszüge aus ihrem Ordens-Gebetbuch vor und schlägt den nichtchristlichen Lesern vor, im Gebet das Wort „Jesus" durch „Gott" zu ersetzen. Entsprechend fühlen Sie sich also auch hier frei, das Wort „Gott" durch das zu ersetzen, was für Sie jeweils am besten ist, um die Beziehung zu einer höheren Macht zu erwirken.

Das gleiche gilt auch für Mutter Teresas Bezüge auf Gott als „Er" oder „Ihn" oder andere übliche Referenzen. Bitte fügen Sie Worte ein, die Ihnen zusagen, wenn Sie die hier verwendeten in irgendeiner Weise als störend empfinden.

Mutter Teresa sprach oft darüber, wie voll und ganz sie darauf vertraute, daß die Kraft des Gebetes sie mit Gott verbinde. 24 Stunden am Tag, sagte sie. Und mit Nachdruck fügte sie manchmal hinzu, wenn der Tag länger wäre, benötige sie entsprechend mehr Kraft Gottes durch das Gebet.

Jedoch, welcher geistliche Sucher wäre nicht auf das Gebet angewiesen? Und welches Herz hätte nicht die Sehnsucht nach dem Gebet und wäre nicht dadurch geheilt worden?

I

VON DER NOTWENDIGKEIT ZU BETEN

ALLES BEGINNT MIT DEM GEBET.
Wenn wir Gott nicht um Liebe bitten,
können wir keine Liebe besitzen
und noch weniger sind wir fähig, anderen Liebe
zu geben.
Gerade so, wie die Menschen heutzutage so viel
über die Armen
sprechen, aber die Armen nicht kennen,
können wir auch nicht so viel über das Gebet
sprechen
und dennoch nicht wissen, wie wir beten sollen.

DU MAGST ERSCHÖPFT VON DER ARBEIT SEIN,
magst dich fast dabei umbringen,
wenn deine Arbeit nicht verwoben ist mit Liebe,
so ist sie nutzlos.
Arbeit ohne Liebe ist Sklaverei.

DIE MENSCHEN IN DER GANZEN WELT
mögen unterschiedlich aussehen oder
unterschiedliche Religionen, Ausbildung,
berufliche Stellung haben, sie sind doch überall
dieselben.
Es sind Menschen, die geliebt werden sollen.
Sie alle sind hungrig nach Liebe.

MAN WEISS, DASS IN DEN MEISTEN modernen Räumen das elektrische Licht an einem Schalter eingeschaltet werden kann. Aber wenn es keine Verbindung mit dem Elektrizitätswerk gibt, wird es nicht hell werden.

GLAUBE UND GEBET SIND DIE Verbindung mit Gott, und wenn diese da sind, dann wird man bereit, zu dienen.

WIR MÜSSEN ETWAS BESITZEN,
ehe wir geben können.
Wer den Auftrag hat, anderen zu geben,
muß zuerst in der Erkenntnis Gottes wachsen.
Er muß von dieser Erkenntnis durchdrungen
sein.

UM ETWAS GEBEN ZU KÖNNEN,
mußt du etwas haben.

WAHRE LIEBE MUSS MIT GOTT IM GEBET
beginnen.
Wenn wir beten, werden wir fähig zu lieben,
und wenn wir lieben, werden wir fähig zu
dienen.

GLEICH WELCHER RELIGION WIR SIND,
wir müssen zusammen beten.
Kinder müssen lernen zu beten,
und es ist nötig, daß die Eltern mit ihnen beten.

ES IST LEICHT, DIE MENSCHEN ZU LIEBEN,
die weit entfernt sind.
Es ist nicht immer leicht, diejenigen zu lieben,
die nahe bei uns sind.
Es ist leichter eine Schale voll Reis zu geben,
um den Hunger zu stillen,
als in unserem eigenen Heim einen Ungeliebten
von Einsamkeit und Not zu befreien.

BRINGT LIEBE IN EUER EIGENES HEIM,
denn dort ist es,
wo unsere Liebe zu jedem anderen Menschen
beginnen muß.

IN EINEM DER HÄUSER,
die von unseren Schwestern besucht werden,
hatte während einer langen Zeit eine tote Frau
gelegen, ehe jemand davon erfuhr, und man
bemerkte es nur deshalb, weil ihr Körper bereits
zu verwesen begonnen hatte.
Ihre Nachbarn wußten nicht einmal ihren
Namen.

ES EXISTIERT VIEL LEIDEN IN DER WELT –
sehr viel.
Körperliches Leiden ist Leiden an Hunger,
Leiden durch Obdachlosigkeit,
durch alle Arten von Krankheiten.

Aber ich denke dennoch,
daß das größte Leiden ist, allein zu sein,
sich ungeliebt zu fühlen,
nicht einen Menschen zu haben.

ES GIBT VERSCHIEDENE ARTEN
von Armut.

In Indien leben und sterben manche Menschen
im Hunger.
Aber im Westen gibt es eine andere Art von
Armut,
geistliche Armut.

Das ist viel schlimmer.
Die Menschen glauben nicht an Gott,
beten nicht.
Die Menschen tragen keine Sorge füreinander.
Hier hat man die Armut von Menschen,
die unzufrieden sind mit dem, was sie haben,
die nicht wissen, wie man Leiden erträgt,
die sich der Verzweiflung ergeben.

Diese Armut des Herzens
ist oft viel schwerer zu mindern und zu
besiegen.

ICH ERINNERE MICH DARAN,
daß ich vor einiger Zeit ein wundervolles
Heim für alte Leute besuchte. Es waren ungefähr
vierzig Personen dort, und sie hatten alles. Aber
sie alle schauten immerzu zur Tür. Man sah
kein Lächeln auf ihren Gesichtern.

Und ich fragte die Schwester, die für sie ver-
antwortlich war: „Schwester, warum lächeln
diese Menschen nicht? Warum schauen sie
immerfort zur Tür?"

Und sie mußte mir antworten und auf freund-
lichste Art und Weise die Wahrheit sagen:

„Es ist jeden Tag dasselbe. Sie haben
Sehnsucht nach jemandem, der kommt und sie
besucht."

— Das ist die größte Armut.

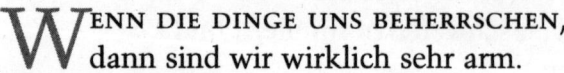

WENN DIE DINGE UNS BEHERRSCHEN,
dann sind wir wirklich sehr arm.

DU UND ICH, WIR SIND FÜR GRÖSSERE
Dinge geschaffen.
Wir sind nicht dazu geschaffen, nur durch dieses Leben zu gehen
– ohne Ziel.
Und das größte Ziel ist es,
zu lieben und geliebt zu werden.

MANCHE MENSCHEN NENNEN IHN ISHWAR,
manche nennen Ihn Allah, manche einfach Gott.
Aber wir alle müssen anerkennen, daß Er es ist,
der uns für Größeres schuf:
zu lieben und geliebt zu werden.
Worauf es ankommt, ist, daß wir lieben.

OHNE DAS GEBET KÖNNEN WIR NICHT
lieben. –
Und gleich welche Religion wir haben,
wir müssen gemeinsam beten.

SIE WERDEN KALKUTTA ÜBERALL AUF DER
Welt finden, wenn Sie Augen
haben zu sehen.
Die Straßen Kalkuttas führen zu jedermanns
Tür.

Ich weiß, daß Sie gern eine Reise nach Kalkutta
machen würden,
aber es ist leicht, Menschen zu lieben, die weit
entfernt sind.
Es ist nicht immer leicht, diejenigen
Menschen zu lieben, die neben uns leben.
Was ist mit denen, die ich nicht leiden kann
oder auf die ich herabschaue?

ES IST EINFACH, STOLZ, HART UND
selbstsüchtig zu sein
– so einfach.
Aber wir sind zu Besserem geschaffen.

VON ZEIT ZU ZEIT SOLLTEN WIR UNS SELBST verschiedene Fragen
stellen, um unsere Handlungen in die richtige
Richtung zu führen:
Wir sollten uns fragen:
Kenne ich die Armen?
Kenne ich – an erster Stelle – die Armen in meiner Familie,
diejenigen, die mir am nächsten stehen –
Menschen, die arm sind, jedoch nicht, weil es
ihnen an Brot
fehlt?

Es gibt andere Arten von Armut,
die genauso schmerzhaft sind, da sie wesentlicher sind.

Vielleicht ist das, was meinem Ehemann, meiner
Frau mangelt,
was meinen Kindern fehlt, was meinen Eltern
fehlt,
nicht Kleidung oder Nahrung.
Vielleicht fehlt ihnen Liebe, weil ich sie ihnen
nicht gebe?

WO BEGINNT DIE LIEBE?
In unseren eigenen Wohnungen.

Wann beginnt sie?
Wenn wir zusammen beten.

WIR MÜSSEN UNS SELBST STÄRKEN.
Wir können an geistlichem Hungern
sterben.

Wie eine Maschine müssen wir regelmäßig
aufgefüllt werden.
Wenn ein kleines Rädchen in der Maschine
nicht arbeitet,
kann die ganze Maschine nicht ordentlich
arbeiten.

ICH WERDE OFT GEFRAGT,
was man tun soll, um sicher zu sein
daß man auf dem Wege des Heils ist.
Ich antworte: „Liebe Gott. Und, vor allem, bete!"

II

MIT STILLE BEGINNEN

ES IST SEHR SCHWIERIG ZU BETEN,
wenn man nicht weiß, wie.
Wir müssen selbst etwas dazu tun, dies zu
lernen.
Das wichtigste dabei ist die Stille.

WIR MÜSSEN GOTT FINDEN,
und Gott kann nicht in Lärm und Ruhelo-
sigkeit gefunden werden.

WIR KÖNNEN UNS NICHT DIREKT
in Gottes Gegenwart begeben,
ohne uns innere und äußere Stille aufzuerlegen.

Deshalb müssen wir uns an die Stille der Seele,
der Augen und der Zunge gewöhnen.

ES GIBT KEIN LEBEN DES GEBETES
ohne Stille.

ALLES BEGINNT MIT DEM GEBET,
das in der Stille unserer Herzen geboren ist.

WENN WIR WIRKLICH BETEN WOLLEN,
müssen wir zuerst lernen zu hören –
denn in der Stille des Herzens spricht Gott.

STILLE DES HERZENS,
nicht nur des Mundes – das ist ebenfalls
notwendig –,
dann kannst du Gott überall hören:

im Schließen der Tür,
in der Person, die dich braucht,
in den Vögeln, die singen,
in den Blumen, den Tieren –

jene Stille, die Wunder und Lobpreis ist.

DIE KONTEMPLATIVEN UND ASKETISCHEN
Menschen aller Epochen
und Religionen haben Gott in der Stille und
Einsamkeit der Wüste,
des Waldes und der Berge gesucht.

AUCH WIR SIND DAZU AUFGERUFEN,
uns in gewissen zeitlichen Abständen in
tiefere Stille und
Einsamkeit mit Gott zurückzuziehen,
sowohl in der Gemeinschaft, wie auch ganz
allein.
Allein zu sein mit Ihm,
nicht mit unseren Büchern, Gedanken und
Erinnerungen,
sondern völlig entblößt von allem,
um liebend in seiner Gegenwart zu verweilen
– still, aufnahmebereit, erwartungsvoll und
regungslos.

HORCHE IN STILLE –,
du kannst die Stimme Gottes nicht verneh-
men,
wenn dein Herz voll von anderen Dingen ist.
Aber wenn du die Stimme Gottes in der Stille
deines Herzens gehört hast,
dann ist dein Herz von Gott erfüllt.

Dazu braucht es viel Aufopferung,
aber wenn wir wirklich zu beten gedenken und
beten wollen,
müssen wir bereit sein, das jetzt zu tun.

UM EINE ANDÄCHTIGE ATMOSPHÄRE
von äußerer Stille zu fördern
und zu bewahren, sollen wir

- für gewisse Zeiten und Orte von besonderer
  Stille sorgen,
- uns bewegen und arbeiten: andächtig, still und
  freundlich,
- um jeden Preis alles unnötige Sprechen und
  jedes Aufsehen vermeiden,
- wenn es sein muß, sanft, freundlich
  und nur das sprechen, was notwendig ist,
- uns bereit machen zu völliger Stille
  als einer heiligen und kostbaren Zeit,
  einem Zurückziehen in die lebendige Stille
  Gottes.

WIR BRAUCHEN DIE STILLE,
um allein mit Gott zu sein,
mit ihm zu sprechen, ihn zu hören,
seinen Worten tief in unserem Herzen
nachzusinnen.
Wir müssen allein mit Gott in der Stille sein,
um erneuert und verwandelt zu werden.
Die Stille gibt uns eine neue Anschauung des
Lebens.
Dadurch werden wir erfüllt mit der Gnade
Gottes selbst,
die uns dahin bringt,
alle Dinge mit Freuden zu tun.

Wenn wir für stille sorgen,
wird es leicht sein zu beten.

Es wird so viel geredet –
so viel wiederholt –
so viel erzählt –
in Wort und Schrift.

Unser Gebetsleben ist nicht so, wie es sein
könnte,
weil unsere Herzen nicht still sind.

WENN ICH IN DEINE AUGEN SCHAUE,
kann ich sehen, ob in deinem Herzen
Frieden ist oder nicht.

Wir sehen Menschen, die Freude ausstrahlen,
und in ihren Augen kann man Reinheit sehen.

Wenn wir Ruhe in unserem Herzen haben
wollen,
müssen wir unsere Augen ruhig halten.

Nutze deine beiden Augen dazu,
dir zu einem besseren Beten zu verhelfen.

Dᴇʀ ᴍᴇɴsᴄʜ ʙʀᴀᴜᴄʜᴛ ᴅɪᴇ sᴛɪʟʟᴇ.

Allein oder gemeinsam –
wir suchen nach Gott in der Stille

Das ist es, wodurch wir die innere Kraft
speichern,
die uns in unserer Arbeit stärkt,
uns auch in der kleinsten Pflicht
und in den ärgsten Nöten, in die wir geraten,
weiterhilft.

Die Stille war vor der Schöpfung da,
und das Himmelsgewölbe wurde ohne ein Wort
ausgebreitet.

ES IST SEHR SCHWIERIG,
innere Ruhe zu erlangen,
aber wir müssen uns darum bemühen.
In der Stille werden wir neue Kraft finden und
wahre Eintracht.
Die Kraft Gottes wird uns befähigen, alles wohl
zu machen.

DIES SIND NUR DIE ERSTEN SCHRITTE
zum Beten,
aber wenn wir niemals mit Entschlossenheit
den ersten Schritt tun,
werden wir den letzten nicht erreichen
– die Gegenwart Gottes.

WENN DU WIRKLICH LERNEN MÖCHTEST
zu beten – werde still.

III

WIE EIN KLEINES KIND

MEIN GEHEIMNIS IST SEHR EINFACH:
Ich bete.

BETEN HEISST, EINFACH MIT GOTT SPRECHEN.
Er spricht zu uns: wir hören zu.
Wir sprechen zu ihm: er hört zu.
Ein Zwei-Wege-Vorgang: sprechen und zuhören.

Das ist wirkliches Gebet:
Beide Seiten hören zu und beide Seiten sprechen.

BEGINNE UND BEENDE DEN TAG MIT GEBET.
Komm zu Gott als ein Kind.

Wenn du es schwierig findest zu beten,
so kannst du sagen:
„Komm, Heiliger Geist,
leite mich, beschütze mich,
mache meine Sinne hell,
daß ich beten kann."

WO IMMER SIE SIND,
alle „Missionarinnen der Nächstenliebe"
beginnen die Tagesarbeit
mit demselben Gebet aus dem Gebetbuch der
Gemeinschaft:

Lieber Herr, großer Heiler,
ich knie vor Dich hin,
denn jedes vollkommene Geschenk muß von
Dir kommen.

Ich bete,
gib meinen Händen Gewandtheit,
klaren Weitblick meinem Sinn,
Freundlichkeit und Sanftmut meinem Herzen.
Gib mir Zielstrebigkeit, die Kraft,
einen Teil der Last meiner leidenden Mitmen-
schen zu tragen,
und die Erkenntnis der Gnade, die ich habe.

Nimm aus meinem Herzen alle List und allen
weltlichen Sinn,
daß ich Dir mit dem schlichten Glauben eines
Kindes vertraue. Amen.

Wie betest du?

Du solltest zu Gott gehen wie ein kleines Kind.
Ein Kind hat keine Schwierigkeiten,
seine Gefühle in einfachen Worten
auszudrücken,
die so viel sagen.

Wenn ein Kind noch nicht verdorben ist
und noch nicht zu lügen gelernt hat, wird es
alles sagen.

Das ist es, was ich damit meine, wie ein Kind zu
sein.

WIE LERNEN WIR ZU BETEN?
Durch beten.
Es ist sehr schwer zu beten, wenn man nicht
weiß, wie.
Wir müssen uns bemühen, es zu lernen.

Bete mit absolutem Vertrauen in Gottes liebende
Fürsorge für
dich und laß ihn dich erfüllen mit Freude, daß
du predigen
mögest, ohne eine Predigt zu halten.

DU KANNST JEDERZEIT BETEN, ÜBERALL. –
Dazu mußt du nicht in einer Kapelle oder
Kirche sein.

BETE GERN –
fühle, wie notwendig es ist –
oft während des Tages zu beten –
und tue es dann auch.
Wenn du besser beten möchtest, mußt du mehr
beten.

JE MEHR DU BETEST,
desto einfacher wird es.

Je einfacher es wird, desto mehr wirst du beten.

DU KANNST BETEN,
während du arbeitest.
Die Arbeit unterbricht nicht das Gebet,
und das Gebet unterbricht nicht die Arbeit.
Es erfordert nur, ein wenig die Seele zu ihm zu
erheben:

„Ich liebe dich, Gott.
Ich vertraue dir,
ich glaube an dich,
ich brauche dich."

Das genügt.
Dies sind wundervolle Gebete.

UNTER DEM VORWAND DER DEMUT,
des Vertrauens, des Verzichts können
wir oft vergessen, die Kraft unseres Willens zu
gebrauchen.

Alles hängt von diesen Worten ab:
„Ich will" oder „Ich will nicht".

Und in die Worte „Ich will" muß ich all meine
Energie legen.

WIR MÜSSEN DIE BEDEUTUNG
des Gebetes, das wir sprechen, verstehen
und die Wonne jedes dieser Worte fühlen, um
aus diesen Gebeten
große Stärkung zu erfahren. Wir müssen manchmal über sie
nachdenken und oft während des Tages unsere
Ruhe darin finden.

DU KANNST SAGEN:
„Mein Gott, ich liebe dich."
„Mein Gott, es tut mir leid."
„Mein Gott, ich glaube an dich."
„Mein Gott, ich vertraue auf dich."
„Hilf uns, einander zu lieben, wie du uns liebst."

DU KANNST FÜR DIE ARBEIT ANDERER
beten und ihnen helfen.
Zum Beispiel sind in unserer Gemeinschaft
Gebetshelfer, die
ihre Gebete für eine Schwester aufopfern, die
Kraft braucht,
ihre tägliche Arbeit zu tun. Und wir haben die
kontemplativen
Schwestern und Brüder, die immerwährend für
uns beten.

IMMER HABE ICH DEN HERRN
„vor meinen Augen, da er immer zu meiner
rechten Hand ist, daß ich nicht wanke", sagt der
Psalmist. Gott
ist in mir so nahe und gegenwärtig, mehr als ich
mir selbst nahe
bin: In ihm leben und bewegen wir uns und sind
wir.

Er ist es, der alles belebt, der allem, was existiert,
Kraft und Wesen verleiht.
Ohne seine erhaltende Gegenwart würde alles
enden und
zurückfallen ins Nichts.

BEDENKE, DASS DU IN GOTT BIST,
umgeben und umfaßt von Gott,
versunken in Gott.

WIR MÜSSEN EINANDER HELFEN
durch unsere Gebete.
Laßt uns unseren Geist befreien.
Laßt uns nicht ausführlich und eine lange Zeit
beten,
sondern laßt uns kurz und voller Liebe beten.
Laßt uns für diejenigen beten, die nicht beten.

Laßt uns nicht vergessen:
Wenn wir fähig zur Liebe sein wollen,
so müssen wir fähig zum Beten sein!

ES SIND JETZT SIEBENHUNDERTFÜNFZIG
Jahre her, seit der heilige Franz von Assisi
das folgende Gebet für sich selbst und
für jene, die er lehrte, Gott zu lieben, verfaßte:

Herr, mache mich zum Werkzeug deines
Friedens.
Wo Haß ist, laß mich Liebe säen.
Wo Beleidigung ist, laß mich Verzeihung säen.
Wo Zwietracht ist, laß mich Einigkeit säen.
Wo Irrtum ist, laß mich Wahrheit säen.
Wo Zweifel ist, laß mich Glauben säen.
Wo Verzweiflung ist, laß mich Hoffnung säen.
Wo Dunkelheit ist, laß mich ein Licht anzünden.
Wo Traurigkeit ist, laß mich Freude säen.
O göttlicher Meister,
laß mich nicht danach trachten,
getröstet zu werden, sondern zu trösten,
verstanden zu werden, sondern zu verstehen,
geliebt zu werden, sondern zu lieben.
Denn wenn wir geben, werden wir empfangen,
wenn wir verzeihen, wird uns verziehen werden
und wenn wir sterben,
werden wir zum ewigen Leben neu geboren werden.

WIR WÜNSCHEN UNS SO SEHR,
richtig zu beten,
und dann versagen wir.
Wir werden entmutigt und geben es auf zu
beten.
Gott läßt das Versagen zu,
aber er will keine Mutlosigkeit.
Er wünscht, daß wir kindlicher werden,
demütiger,
dankbarer im Gebet.

VERSUCHE, DIREKT ZU GOTT ZU SPRECHEN.
Sprich einfach.
Erzähle ihm alles, unterhalte dich mit ihm.
Er ist unser Vater; er ist der Vater aller
Menschen,
gleich welcher Religion wir sind.
Wir müssen unser Vertrauen in ihn legen und
ihn lieben,
an ihn glauben, für ihn arbeiten.
Und wenn wir beten, werden wir alle Antworten
bekommen,
die wir brauchen.

LASS GOTT DICH GEBRAUCHEN,
ohne dich zu fragen.
„Du, Gott, nur Du, alles für Dich.
Mache mich zu Deinem Werkzeug."

EINES MEINER LIEBSTEN RELIGIÖSEN LIEDER
heißt „Nur ein Schatten".
Seine Worte lauten so:

Die Liebe, die ich für dich habe, o Herr,
ist nur ein Schatten deiner Liebe zu mir,
deiner tiefen, treubleibenden Liebe.

Mein eigener Glaube an dich, o Herr,
ist nur ein Schatten deines Vertrauens in mich,
deines tiefen, vertrauenden Glaubens an mich.
Mein Leben ist in deinen Händen.
Meine Liebe zu dir, o Herr, wird wachsen.
Dein Licht in mir wird leuchten.

Der Traum, den ich heute habe, o Herr,
ist nur ein Schatten des Traumes,
den du für mich hast, wenn ich dir nur folge.

Die Freude, die ich heute fühle, o Herr,
ist nur ein Schatten der Freude,
die du mir geben willst,
nur ein Schatten all dessen, was sein wird,
wenn wir uns von Angesicht zu Angesicht
gegenüberstehen werden.

ES GIBT MENSCHEN, DIE,
um nicht zu beten, die Ausrede benutzen,
das Leben sei so hektisch, daß es sie vom Beten
abhalte.
Dies kann nicht sein.

Gebete erfordern nicht, daß wir unsere Arbeit
unterbrechen,
sondern daß wir unsere Arbeit fortsetzen, als sei
sie ein Gebet.

Es ist nicht notwendig, unablässig zu meditieren,
noch bewußt
das Gefühl zu empfinden, daß wir zu Gott
sprechen, gleichgültig,
wie schön das wäre. Worauf es ankommt, ist,
mit ihm zu sein,
in ihm zu leben, ihm zu Willen zu sein.

GOTT IST DIE REINHEIT SELBST.
Nichts Unreines kann vor ihm bestehen.
Doch ich denke nicht, daß Gott hassen kann,
da Gott die Liebe ist und Gott uns liebt,
trotz unserer Schwachheiten.

Gott liebt, da er die Liebe ist,
aber Unreinheit ist ein Hindernis, Gott zu sehen.

UNSERE SEELEN SOLLEN SEIN
wie ein durchsichtiger Kristall,
durch den Gott erkannt werden kann.

UNSER KRISTALL IST MANCHMAL BEDECKT
mit Schmutz und Staub.
Um diesen Staub wegzuwischen,
müssen wir unser Gewissen ernsthaft prüfen,
um ein reines Herz zu erlangen.
Gott wird uns helfen, diesen Staub abzuwischen,
wenn wir das zulassen.

Wenn das unser Wille ist, wird sein Wille
geschehen.

JE MEHR WIR UNS VON UNS SELBST BEFREIEN,
desto mehr Raum geben wir Gott,
uns zu erfüllen.

WENN WIR NICHTS ZU GEBEN HABEN,
dann laßt uns ihm dieses Nichts geben.

REICHTUM, MATERIELLER ODER GEISTIGER,
kann dich ersticken,
wenn er nicht in der richtigen Weise gebraucht
wird.
Bleibe deshalb davon so „frei" wie möglich,
so daß Gott dich erfüllen kann.

SELBST GOTT KANN NICHT ETWAS FÜLLEN,
das bereits voll ist.
Er drängt sich uns nicht auf.

ES GEHT NICHT DARUM,
wieviel wir wirklich zu geben haben,
sondern, wie frei wir sind –
so daß wir die ganze Fülle in unserem Leben
empfangen können.

Blick nicht auf dich selbst,
und freue dich, nichts zu haben
– daß du nichts bist
– daß du nichts tun kannst.

WIR MÜSSEN FÜR DIEJENIGEN BETEN,
die nicht beten.

WIR SOLLTEN „FACHLEUTE DES GEBETES"
werden.

BETE GERN.
Empfinde oft während des Tages die
Notwendigkeit zu beten
und mache dir die Mühe zu beten.
Gott spricht unaufhörlich zu uns. Höre ihm zu.

DIE ERHOLUNGSZEIT SOLL ZU BESSEREM
Beten verhelfen.
Entspannung wischt die Spinnweben von der
Seele fort.

WENN DU BETEST, SAG GOTT DANK
für all seine Gaben,
da alles aus seiner Hand kommt und sein Geschenk ist.

DEINE SEELE IST EIN GESCHENK
von Gott.

SOLANGE WIR NICHT DIE GRÖSSTE
Anstrengung machen,
deren wir fähig sind,
können wir uns nicht durch unsere Fehler
entmutigt fühlen,
noch können wir irgendeinen Erfolg
beanspruchen.
Wir sollten mit größter Aufrichtigkeit
anerkennen,
daß der Verdienst Gott gebührt.

SEI AUFRICHTIG IN DEINEN GEBETEN.
Bist du mit deinen Gedanken beim Gebet?
Weißt du, wie du beten sollst?
Betest du gern?

Aufrichtigkeit ist reine Demut,
und du erlangst Demut nur, wenn du
Demütigungen erträgst.

ALLES, WAS ÜBER DEMUT GESAGT WURDE,
ist nicht genug, um dich Demut zu lehren.
Alles, was du über Demut gelesen hast,
ist nicht genug, um dich Demut zu lehren.
Du lernst Demut nur, wenn du Demütigungen
annimmst.
Und während deines ganzen Lebens werden dir
Demütigungen widerfahren.

DIE GRÖSSTE DEMÜTIGUNG IST,
zu wissen, daß du nichts bist.
Dies wirst du erfahren, wenn du Gott im Gebet
gegenüberstehst.
Im Angesicht Gottes wirst du einzig erkennen,
daß du nichts bist, daß du nichts hast.

WENN WIR WIRKLICH VÖLLIG GOTT
gehören,
dann müssen wir ihm zur Verfügung stehen
und wir müssen ihm vertrauen.
Wir sollten uns keine Sorgen um die Zukunft
machen.
Dafür gibt es keinen Grund. Gott ist da.

GESTERN IST VERGANGEN.
Morgen ist noch nicht gekommen.
Wir haben nur Heute.
Laßt uns beginnen.

SUCHE NICHT NACH GOTT
in fernen Ländern
– er ist nicht dort.
Er ist ganz in deiner Nähe. Er ist mit dir.
Sorge nur, daß die Lampe brennt,
und du wirst ihn immer sehen.
Wache und bete.
Entzünde die Lampe, und du wirst seine Liebe
sehen.
Du wirst sehen, wie gütig der Herr ist, den du
liebst.

MEHR ALS JE ZUVOR,
müssen wir heute um die Erleuchtung
beten, den Willen Gottes zu erkennen,
um die Liebe, den Willen Gottes anzunehmen,
um den Weg, den Willen Gottes zu tun.

BETE, HINGEBUNGSVOLL WIE DIE KINDER,
mit dem ernsthaften Wunsch, fest zu lieben,
und bewirke damit, daß auch die Liebe, die
unerwünscht ist,
schließlich erwidert wird.

Laßt uns Gott für all seine Liebe zu uns
danken –
auf so viele Arten und an so vielen Orten.

MÖGE GOTT UNS BEREIT MACHEN,
die Wege zu gehen,
die über unser eigenes Selbst hinausführen.

GEBET, DAS FRUCHTBAR WERDEN SOLL,
muß aus dem Herzen kommen
und muß fähig sein,
das Herz Gottes anzurühren.

IV

DAS HERZ ÖFFNEN

ÖFFNE DEIN HERZ DER LIEBE GOTTES,
die er dir geben will.

Er liebt dich mit Zärtlichkeit.
Und er wird dir geben, nicht um zu behalten,
sondern um zu teilen.

UNSERE GEBETE SOLLTEN BRENNENDE
Worte sein,
die aus dem Schmelzofen
eines mit Liebe erfüllten Herzens kommen.

In euren Gebeten sprecht zu Gott
mit großer Ehrfurcht und höchstem Vertrauen.

VERWEILE NICHT ZU LANGE
oder eile nicht voraus,
rufe nicht laut oder bleibe nicht stumm,

sondern bringe dein Loblied andächtig,
mit großer Zärtlichkeit,
mit natürlicher Einfachheit,
ohne jede Heuchelei Gott dar –
aus ganzem Herzen und ganzer Seele.

DAS GEBET, DAS AUS DER SEELE
und dem Innersten des Herzens kommt
und das wir nicht aus Büchern lernen können,
wird Geistesgebet genannt.
Im wörtlichen Gebet sprechen wir zu Gott,
im Geistesgebet spricht er zu uns.
Dann geschieht es, daß Gott in uns einfließt.

WIR SOLLTEN JEDEN TAG UNSERE VORSÄTZE
erneuern und uns zu einer
solchen Inbrunst steigern, als wenn
es der erste Tag unserer Bekehrung wäre.
Wir sollten sagen:

„Hilf mir, Herr, Gott,
in meinen guten Vorsätzen
und in deinem heiligen Dienst
und gib mir die Gnade,
den heutigen Tag wirklich und wahrhaftig zu
beginnen,
da alles, was ich bisher getan habe, nichts ist."

DAS GEISTIGE GEBET WIRD AM MEISTEN
durch Einfachheit gefördert,
das heißt, das Vergessen seiner selbst durch Hin-
ausgehen aus
dem Körper und unseren Sinnen,
und durch häufiges Sehnen,
das unsere Gebete stärkt.
„Im inneren Gebet", sagt der heilige Johannes
Vianney, „schließe deine Augen,
schließe deinen Mund und öffne dein Herz."

DAS GEBET ERWEITERT DAS HERZ,
bis es fähig ist,
Gott als Geschenk seiner selbst aufzunehmen.
Frage und suche,
und dein Herz wird groß genug werden,
ihn zu empfangen
und als dein eigen zu behalten.

BRINGE GOTT JEDES WORT DAR,
das du sagst,
jede Bewegung, die du machst.
Wir müssen Gott mehr und mehr lieben.

LIEBE IST EINE FRUCHT,
die zu jeder Jahreszeit reift und für jede
Hand erreichbar ist.
Jeder darf sie aufsammeln, und ihr sind keine
Grenzen gesetzt.

Jedermann kann diese Liebe erlangen
durch Meditation,
den Geist des Gebetes und durch Opfer,
durch ein tiefes inneres Leben.

Leben wir wirklich solch ein Leben?

LIEBEN SOLLTE SO NORMAL FÜR UNS SEIN
wie leben und atmen,
Tag für Tag, bis zu unserem Tode.

BIN ICH EIN DUNKLES LICHT?
Ein falsches Licht? Eine Glühbirne
ohne elektrischen Anschluß, die deshalb keine
Helligkeit ausstrahlt?

Bringe dein Herz dazu, ein helles Licht zu sein.

ES GEHT NICHT DARUM,
was wir tun oder wieviel wir tun,
sondern darum,
wieviel Liebe wir in das Tun legen.
Denn die Tat ist unsere Liebe zu Gott im Tun.

GOTT SPRICHT IN DER STILLE UNSERES
Herzens
– und wir hören zu.
Und dann sprechen wir zu Gott aus der Fülle
unseres Herzens
– und Gott hört zu.

SELBST WENN WIR SÜNDIGEN
oder einen Fehler machen,
wird uns das helfen, näher zu Gott zu kommen.
Laßt uns demütig zu ihm sagen:
„Ich weiß, ich hätte dies nicht tun sollen, aber
selbst diese
Verfehlung bringe ich dir dar."

UNSERE WORTE SIND NUTZLOS,
wenn sie nicht aus der Tiefe unseres Herzens kommen.

GIB DICH VÖLLIG GOTT HIN.
Er wird dich dazu benutzen, große Dinge
zustande zu bringen,
unter der Voraussetzung, daß du viel mehr an
seine Liebe glaubst
als an deine Schwachheit.

IST MEIN HERZ SO REIN,
daß ich das Antlitz Gottes sehen kann
in meinem Bruder, meiner Schwester,
egal ob sie Schwarze, Weiße,
Nackte, Aussätzige, Sterbende sind?

Darum müssen wir beten.

GOTT WEILT IN UNS.
Das ist es, was ihm eine wundervolle
Macht gibt.
Es ist gleichgültig, wo du bist,
solange du reinen Herzens bist.

Reinen Herzens zu sein, bedeutet Offenheit,
völlige Freiheit, das Losgelöstsein,
das dir erlaubt,
Gott ohne Einschränkung, ohne Behinderungen
zu lieben.

Jeden Abend, ehe du zu Bett gehst,
muß du dein Gewissen prüfen
(da du niemals weißt, ob du am nächsten Morgen noch lebst).

Was immer dich beunruhigt
oder was immer du falsch gemacht haben magst,
du muß es bereinigen.
Wenn du, zum Beispiel, etwas gestohlen hast,
versuche es zurückzugeben.

FALLS DU JEMANDEN VERLETZT HAST,
versuche, das mit diesem Menschen zu
bereinigen;
tu es sofort.
Wenn du das nicht kannst,
so bereinige es wenigstens vor Gott,
indem du sagst: „Es tut mir sehr leid."

Dies ist wichtig,
denn so, wie wir Werke der Liebe tun,
müssen wir auch Werke der Reue tun.

Wir könnten sagen:
„Mein Herr, es tut mir leid, daß ich dich
gekränkt habe,
und ich verspreche, daß ich versuchen will,
dich nicht wieder zu kränken."

Es ist ein gutes Gefühl,
frei von Belastungen zu sein, ein reines Herz
zu haben.
Denke daran, daß Gott barmherzig ist,
er ist unser aller barmherziger Vater.
Wir sind seine Kinder,
und er wird vergeben und vergessen,
wenn wir uns darauf besinnen,
dieses auch zu tun.

Prüfe jedoch zuerst dein Herz,
um zu sehen, ob es irgend etwas gibt,
was du anderen nicht vergibst.
Denn: Wie können wir Gott um Vergebung
bitten,
wenn wir anderen nicht vergeben können?

MAN FRAGT MICH OFT, WELCHEN
Ratschlag ich für ein Ehepaar habe,
das in seiner Verbindung wankend geworden ist.
Ich antworte immer:
„Betet und vergebt einander."
Und zu jungen Menschen, die aus gewalttätigen
Häusern kommen, sage ich:
„Betet und vergebt."
Und zu der alleinstehenden Mutter
ohne familiären Rückhalt:
„Bete und vergib."

DENKE DARAN, WENN DU WAHRE REUE
empfindest,
wenn du es mit reinem Herzen ehrlich meinst,
dann wirst du in Gottes Augen von der Sünde
freigesprochen sein.
Er wird dir vergeben, wenn du wahrhaft
bekennst.
Darum bete darum, daß du denen vergeben
kannst,
die dich verletzt haben,
oder denjenigen, die du nicht magst,
und vergib so, wie dir vergeben wurde.

BETEN IST FREUDE.

Beten ist der Sonnenschein der Liebe Gottes,
beten ist Hoffnung ewiger Glückseligkeit,
beten ist die brennende Flamme
der Liebe Gottes
für dich und für mich.

Laßt uns füreinander beten,
da dies der beste Weg ist, einander zu lieben.

SEI HEUTE DER SONNENSCHEIN
der Liebe Gottes.

GOTT IST NOCH IMMER LIEBE,
er liebt noch immer die Welt.

Heute liebt Gott die Welt so sehr,
daß er dir und mir gibt, die Welt zu lieben,
seine Liebe zu sein und sein Erbarmen.

DU MAGST ERSCHÖPFT VON DER ARBEIT
sein, dich nahezu umbringen,
aber wenn dein Werk nicht verwoben ist
mit Liebe,
so ist es nutzlos.

WIR ALLE MÜSSEN UNSERE HERZEN
mit großer Liebe füllen.
Du mußt nicht glauben, daß diese Liebe, um
wahr und brennend
zu sein, ganz außergewöhnlich sein muß.

GOTT LIEBT JEDEN VON UNS
mit der zärtlichsten und
persönlichsten Liebe.
Sein Verlangen nach mir ist stärker
als mein Verlangen nach ihm.

ES GIBT KEINE GRENZE DER LIEBE GOTTES.
Sie ist grenzenlos,
und ihre Tiefe kann nicht ausgelotet werden.

DIE BESTE WEISE,
deine Dankbarkeit Gott und den Menschen
zu zeigen
ist, alles mit Freuden zu empfangen.
Ein freudevolles Herz ist das normale Ergebnis
eines vor Liebe
brennenden Herzens.

ES IST LEICHT, STOLZ ZU SEIN,
hart, launisch und selbstsüchtig,
aber wir sind zu größeren Dingen geschaffen.
Warum sollten wir uns erniedrigen zu Dingen,
die die Schönheit unseres Herzens verderben
würden?

IN DER STILLE DES HERZENS
spricht Gott.

Was sagt Gott zu uns?
Er sagt: „Ich habe dich bei deinem Namen
gerufen, du bist mein.
Das Wasser wird dich nicht ertränken,
das Feuer wird dich nicht verbrennen.
Ich werde Völker für dich aufgeben,
du bist mir kostbar. Ich liebe dich.
Selbst wenn eine Mutter ihr Kind vergessen
könnte,
ich werde dich nicht vergessen.
Ich habe dich in die Fläche meiner Hand
eingeschnitten."

WIR KÖNNEN NICHT SPRECHEN,
wenn wir nicht zugehört haben,
wenn wir nicht unsere persönliche Verbindung
mit Gott gemacht haben.
Aus der Fülle des Herzens wird
unser Mund sprechen,
unser Geist denken.

DAS GEBET ERWEITERT DAS HERZ,
bis es fähig ist, das Geschenk Gottes, Ihn
selbst, aufzunehmen.

NUR EINES:
Laß die Liebe Gottes völlig und absolut
Besitz von deinem Herzen ergreifen,
laß sie deinem Herzen zu einer zweiten Natur
werden.
Laß nicht zu, daß etwas Gegenteiliges in dein
Herz dringt.
Befiehl ihm, fortwährend diese Liebe zu Gott
zu vergrößern,
indem es ihm in allen Dingen zu gefallen sucht
und ihm nichts verweigert.

Laß es anerkennen,
daß alles, was geschieht,
aus seiner Hand kommt.
Laß es den festen Vorsatz haben,
niemals absichtlich und wissend einen Fehler zu
machen,
oder, falls das nicht gelingen sollte,
sich zu erniedrigen und sich sofort wieder
aufzurichten
– ein solches Herz wird fortwährend beten.

V

VOLLENDUNG IN STILLE

SEELEN DES GEBETES SIND SEELEN
großer Stille.

RUHE IST DIE WUNDERVOLLE FRUCHT
des Gebetes.

Wir müssen nicht nur das Schweigen des
Mundes lernen,
sondern auch das Schweigen des Herzens,
der Augen,
der Ohren
und des Geistes,

welche ich die fünf Schweigen nenne.

GOTT IST DER FREUND DER STILLE.
Sieh, wie die Natur – die Bäume, Blumen,
das Gras –
in der Stille wachsen.

Sieh, die Sterne,
den Mond
und die Sonne,
wie sie sich im Schweigen bewegen.

IN DIESEM SCHWEIGEN WIRD ER
uns zuhören.
Da wird er zu unserer Seele sprechen,
und da werden wir seine Stimme hören.

DIE FRUCHT DES SCHWEIGENS
ist Glauben.
Die Frucht des Glaubens ist das Gebet.
Die Frucht des Gebetes ist die Liebe.
Die Frucht der Liebe ist Dienen.
Und die Frucht des Dienens ist Schweigen.

IM SCHWEIGEN DES HERZENS SPRICHT GOTT.
Wenn du im Gebet und Schweigen Gott
gegenübertrittst,
wird Gott zu dir sprechen.
Dann wirst du erkennen, daß du nichts bist.

Doch nur, wenn du deine Nichtigkeit
wahrnimmst,
deine innerliche Leere,
wird sich Gott in dir niederlassen können.

DAS SCHWEIGEN HILFT UNS DAZU,
die Dinge in einer neuen Weise anzusehen.
Wir brauchen dieses Schweigen,
um Seelen berühren zu können.

Gott ist der Freund der Stille.
Seine Sprache ist Schweigen.
"Sei still, und erkenne, daß ich Gott bin."

VI

DIE FRUCHT DES GEBETES

JE MEHR WIR IM STILLEN GEBET ERHALTEN,
desto mehr können wir in unserem aktiven
Leben geben.

DAS Wesentliche ist nicht,
was wir sagen,
sondern was Gott zu uns und durch uns sagt.
All unsere Worte sind nutzlos,
wenn sie nicht aus unserem Inneren kommen.

DU KANNST TUN, WAS ICH NICHT TUN
kann.
Ich kann tun, was du nicht tun kannst.
Zusammen können wir etwas Wunderschönes
für Gott tun.

GOTT VERLANGT NICHT,
daß ich erfolgreich bin,
Gott verlangt, daß ich gläubig bin.

Wenn wir Gott gegenüberstehen, sind Ergebnisse
nicht wichtig.
Der Glaube ist es, der wichtig ist.

WIR BEMÜHEN UNS NICHT
um aufsehenerregende Taten.
Was zählt, ist, daß du dich selbst verschenkst,
das Maß der Liebe,
das du in jede deiner Taten legst.

WIR KÖNNEN KEINE GROSSEN DINGE TUN
– nur kleine Dinge mit großer Liebe.

DIE FRUCHT DES GEBETES
ist die Vertiefung des Glaubens.

SEI GETREU IN KLEINEN DINGEN,
denn darin liegt deine Stärke.

DAS GEBET NÄHRT DIE SEELE. –
Was das Blut für den Körper ist, ist das
Gebet für die Seele
– und es bringt dich näher zu Gott.

WENN DU VON GOTT ERFÜLLT BIST,
wirst du all deine Arbeit gut machen –
alles aus vollem Herzen.

Und wenn du erfüllt bist von Gott,
wirst du alle Dinge gut machen.

Dies kannst du nur tun, wenn du betest,
wenn du weißt, wie du beten sollst,
wenn du das Gebet liebst
und wenn du gut betest.

JE MEHR ICH HERUMKOMME,
desto besser verstehe ich,
wie notwendig es für uns ist, die Arbeit
zum Gebet zu machen,
die Arbeit zum Ausdruck unserer Liebe zu Gott
werden zu lassen.

GOTT KÖNNTE ES ZULASSEN,
daß in den Händen eines sehr
talentierten und tüchtigen Menschen alles
mißlingt. –
Wenn das Werk nicht verwoben ist mit Liebe,
ist es nutzlos.

LIEBE IST NICHT ETWAS VERSTEINERTES,
sondern etwas, das lebt.
Werke der Liebe und Verkündigung der Liebe
sind der Weg zum Frieden.

Und wo beginnt diese Liebe?
Genau in unseren eigenen Herzen.

Wir müssen wissen,
daß wir zu größeren Dingen geschaffen sind,
nicht, um nur eine Nummer in der Welt zu sein,
nicht nur, um zu Diplomen und Studiengraden
zu kommen –
zu diesem oder jenem Werk.

Wir sind geschaffen, zu lieben und geliebt zu
werden.

WENN WIR DAS GEBET VERNACHLÄSSIGEN –
und der Zweig nicht verbunden ist mit
dem Weinstock,
wird er sterben.
Diese Verbindung des Zweiges mit dem
Weinstock ist das Gebet.
Wenn diese Verbindung da ist,
dann ist Liebe da, dann ist Freude da.
So werden wir der Sonnenschein von Gottes
Liebe sein,
die Hoffnung ewiger Glückseligkeit,
die Flamme brennender Liebe.

DIES IST DER WAHRE GRUND
für unser Dasein:
der Sonnenschein von Gottes Liebe zu sein,
die Hoffnung ewiger Glückseligkeit zu sein.
Das ist alles.

DIE FRUCHT DES GEBETES
ist ein reines Herz,
und ein reines Herz ist frei für die Liebe.

WENN DU EIN REINES HERZ HAST,
bedeutet das, du bist offen und ehrlich
zu Gott,
du versteckst nicht irgend etwas vor ihm.
Und dadurch kann er von dir erhalten,
was er will.

DIE KRAFT GOTTES WIRD UNS GEBEN,
alle Dinge gut zu machen,
so wie die Einheit unserer Gedanken
mit seinen Gedanken,
die Einheit unserer Gebete mit seinen Gebeten,
die Einheit unserer Taten mit seinen Taten,
unseres Lebens mit seinem Leben.
Einheit ist die Frucht des Gebetes, der Demut,
der Liebe.

DER WERT UNSERER TATEN
ist gleich dem Wert der Gebete,
die wir sprechen.

WIR ERWARTEN UNGEDULDIG
das Paradies Gottes,
aber wir haben bereits hier und jetzt
die Macht in unseren Händen,
im Paradies zu sein.

In Gott glücklich zu sein, bedeutet dies:
zu lieben, wie er liebt,
zu helfen, wie er hilft,
zu geben, wie er gibt,
zu dienen, wie er dient.

LIEBE NIMMT ALLES AN UND GIBT ALLES.
Liebe sollte so selbstverständlich wie leben
und atmen sein.

IN DER STILLE DES HERZENS SPRICHT GOTT,
und du mußt zuhören.
Dann – in der Fülle deines Herzens,
weil es erfüllt ist von Gott,
erfüllt von Liebe,
erfüllt von Mitleid,
erfüllt vom Glauben –
wird dein Mund sprechen.

VIELLEICHT SCHREIBST DU ETWAS,
und aus der Fülle deines Herzens
fließt auch etwas in deine Hand.
Dein Herz wird im Schreiben sprechen.
Dein Herz wird auch durch deine Augen
sprechen.
Du weißt, daß die Menschen Gott in deinen
Augen sehen müssen,
wenn du sie anschaust.
Wenn du zerstreut bist und weltlich gesinnt,
werden sie Gott nicht darin sehen können.

Die Fülle des Herzes ist ausgedrückt in unseren
Augen,
in unseren Berührungen,
in dem, was wir schreiben,
in dem, was wir sagen,
in der Weise, wie wir gehen,
in der Art, wie wir etwas fordern.

Das ist die Fülle unseres Herzens,
die sich vielfältig ausdrückt.

JEDEN TAG BEKOMMEN WIR
in unserem Mutterhaus in Kalkutta so
viele Besucher.
Wenn ich ihnen begegne,
gebe ich jedem von ihnen
meine „Geschäftskarte".
Darauf steht geschrieben:

Die Frucht des Gebetes ist der Glaube.
Die Frucht des Glaubens ist die Liebe.
Die Frucht der Liebe ist Dienen.
Die Frucht des Dienens ist Friede.

Dies ist ein sehr gutes „Geschäft".

IM HAUS FÜR DIE STERBENDEN IN KALIGHAT
staunte ein Besucher über den Frieden,
der überall herrschte. Ich sagte einfach:

„Gott ist hier. Gesellschaftliche Stellungen und
Konfessionen
bedeuten nichts. Es bedeutet nichts, daß sie
nicht meinen eigenen
Glauben haben."

WIR EMPFINDEN SELBST, DASS DAS,
was wir tun, nur ein Tropfen
im Ozean ist. Aber ich denke,
wenn dieser Tropfen nicht wäre,
wäre der Ozean um diesen fehlenden Tropfen
geringer. Wir brauchen
nicht in Zahlen zu denken.

Wir können jeweils nur einen Menschen lieben,
jeweils nur einem Menschen dienen.

WOHIN IMMER GOTT DICH GESETZT HAT,
es ist deine Berufung.
Es geht nicht darum, was wir tun,
sondern wieviel Liebe wir dort hineinlegen.

ZU DEN MITWIRKENDEN BEI EINER
musikalischen Aufführung in
Kalkutta sagte ich: Ihre Arbeit und unsere Arbeit
ergänzen einander. Was wir tun,
ist so nötig, wie niemals zuvor in der Welt.
Ihr gebt ihnen Freude durch eure Tätigkeit,
und wir tun dasselbe durch Dienen.
Und es ist dasselbe,
ob ihr singt und tanzt
und wir schrubben und scheuern.
Ihr erfüllt die Welt mit der Liebe,
die Gott euch gegeben hat.

FREUDE ZEIGT SICH IN DEN AUGEN.
Sie erscheint, wenn wir sprechen und gehen.

Sie kann nicht in uns verschlossen bleiben.
Wenn die Menschen in euren Augen dieses
ständige Glück finden,
werden sie begreifen, daß sie die geliebten
Kinder Gottes sind.

WIR REDEN ÜBER DIE FREUDE,
die aus der Verbundenheit mit Gott
kommt,
vom Leben in seiner Gegenwart,
weil das Leben in seiner Gegenwart uns mit
Freude erfüllt.

Wenn ich über die Freude spreche,
so meine ich nicht die mit lautem Lachen oder
mit Lärm.
Das ist nicht das wahre Glück.
Manchmal verbirgt diese anderes.

Wenn ich über Glück spreche,
weise ich auf einen tiefen inneren Frieden hin,
der sich in unseren Augen zeigt,
auf unseren Gesichtern,
in unserem Verhalten,
in unseren Gesten,
in unserer Bereitwilligkeit.

ICH DENKE, DASS FOLGENDES
geschehen wird:

Menschen kommen, um einander zu begegnen,
weil sie Gott brauchen.
Das Wunderbare daran ist,
daß dies in einer religiösen Atmosphäre
geschieht.
Sie alle sprechen über Gott.

Dies ist die größte Erfahrung für mich.
Ich fühle, wie wundervoll es ist,
all diese Menschen dazu zu bringen,
miteinander über Gott zu sprechen.
Eine neue Hoffnung für die Welt.

DAS IST EINE GEWALTIGE KRAFT,
die in der Welt wächst,
durch beständiges Teilen,
gemeinsames Gebet,
gemeinsames Leiden und gemeinsames Arbeiten.

WIR TUN NICHTS. ER TUT ALLES.
Alle Ehre muß ihm zurückgegeben werden.
Gott hat mich nicht dazu berufen,
erfolgreich zu sein.
Er rief mich dazu auf, gläubig zu sein.

IN KALKUTTA KAM EINES TAGES
ein Mann mit einem Rezept zu mir und sagte:
„Mein einziges Kind liegt im Sterben. Und diese
Medizin kann nur aus dem Ausland nach Indien
gebracht werden."
Gerade in diesem Moment, während wir noch
redeten, kam ein Mann mit einem Korb voll von
Medizin. Ganz oben in dem Korb lag diese
Medizin.
Wenn ich im Haus gewesen wäre, hätte ich das
nicht gesehen. Wenn er eher gekommen wäre,
hätte ich es nicht sehen können. Aber gerade in
diesem Moment – bei all den Millionen und
Millionen von Kindern in der Welt – war Gott in
seiner Zärtlichkeit bemüht um dieses kleine
Kind aus den Slums von Kalkutta – gerade in
diesem Moment bemüht, die richtige Medizin zu
senden, um das Kind zu retten.
Ich preise die Zärtlichkeit und Liebe Gottes,
weil jedes kleine Kind, aus einer armen Familie
oder aus einer reichen Familie,
ein Kind Gottes ist,
geschaffen vom Schöpfer aller Dinge.

LASST UNS GOTT DANKEN
für all seine Liebe,
die er uns gibt,
auf so viele Weisen und an so vielen Orten.

Laßt uns als Antwort,
als einen Akt der Dankbarkeit und Anbetung
uns dafür entscheiden,
ihn zu lieben.

HEILIGKEIT IST KEIN LUXUS FÜR WENIGE.
Sie ist nicht für einige Menschen da.
Sie ist gedacht für dich und für mich,
für jeden von uns.
Das ist eine einfache Aufgabe,
denn wenn wir lernen zu lieben,
lernen wir, heilig zu werden.

WIR ALLE HABEN VIEL ZU GEBEN,
zu teilen, beizutragen,
wo immer wir uns im Leben befinden.

Heiligkeit beginnt daheim.
Indem wir Gott lieben –
und die Menschen um uns herum um
seinetwillen.

VÖLLIGE HINGABE AN GOTT
kann in kleinen Dingen geschehen, genau
wie sie in großen Dingen geschehen kann.
Sie ist nichts anderes als das einfache Wort:
„Ja, ich nehme an, was immer du gibst,
und ich gebe, was immer du nimmst."
Und das ist ein ganz einfacher Weg für uns, heilig zu werden.

SEI SICHER, DASS DU GOTTES GNADE
in deiner Seele wirken läßt,
indem du hinnimmst, was immer er dir gibt,
und ihm gibst, was immer er dir nimmt.
Wahre Heiligkeit besteht darin,
mit einem Lächeln Gottes Willen zu tun.

WIR SOLLTEN UNS KEINE GEISTIGEN
Schwierigkeiten schaffen.
Heilig zu sein, bedeutet nicht, außergewöhnliche
Dinge zu tun, große Dinge zu verstehen,
sondern es ist eine einfache Hingabe,
da ich mich selbst Gott übergeben habe,
da ich ihm gehöre – meine völlige Hingabe.

Er könnte mich hier hinstellen,
er könnte mich dort hinstellen.
Er kann Gebrauch von mir machen
oder auch nicht.

Es macht nichts, da ich ihm so völlig gehöre,
daß er mit mir tun kann, was immer er will.

UNSER FORTSCHRITT IM HEILIGWERDEN
hängt von Gott und von uns selbst ab –
von Gottes Gnade und unserem Willen, heilig
zu werden. Wir müssen einen wahrhaft lebendi-
gen Entschluß fassen, Heiligkeit zu erlangen.

WIR DÜRFEN NICHT VERSUCHEN,
	Gottes Handeln zu erklären.
Wir sollten nicht die Stationen der Reise zählen,
auf die er uns schicken möchte.

Wir sollten uns nicht wünschen zu wissen, wie
wir auf der Straße
zur Heiligkeit vorankommen oder wo wir uns
auf dem Weg dorthin befinden.

HEILIG WERDEN.
	Jeder von uns hat das Vermögen,
heilig zu werden.
Und der Weg zur Heiligkeit ist das Gebet.

WIR BETRACHTEN ALLE MENSCHEN
als Kinder Gottes.
Sie sind unsere Brüder und Schwestern.
Wir haben große Achtung vor ihnen.
Unsere Aufgabe ist es, diese Menschen zu
ermutigen – Christen wie Nichtchristen –,
das Werk der Liebe zu tun.

Jedes Werk der Liebe, das aus vollem Herzen
getan wird,
bringt die Menschen näher zu Gott.

JEDES MENSCHLICHE WESEN
kommt aus Gottes Händen.
Und wir alle wissen, was die Liebe Gottes für
uns bedeutet.

Gott hat seine eigenen Wege und Weisen,
in den Herzen der Menschen zu wirken,
und wir wissen nicht, wie nahe sie ihm stehen.
Aber an ihren Taten können wir immer
erkennen,
ob sie seinen Willen tun wollen oder nicht.
Ganz gleich, ob du Hindu, Muslim
oder Christ bist,
daraus, wie du dein Leben lebst, wird ersichtlich,
ob du vollkommen sein wirst oder nicht.

ZU LIEBEN MUSS SO NORMAL FÜR UNS SEIN
wie zu leben und zu atmen,
Tag für Tag, bis zu unserem Tode.

Um dies zu verstehen und auszuüben, müssen
wir viel beten,
in der Weise, die uns mit Gott verbindet
und unaufhörlich auf andere überströmt.

UNSERE WERKE DER NÄCHSTENLIEBE
sind nichts anderes als das Überströmen
unserer Liebe zu Gott von innen heraus.
Deshalb liebt derjenige, der am meisten mit ihm
verbunden ist, den Nachbarn am meisten.

ES SOLL SICH NIEMAND SEINES ERFOLGES
rühmen,
sondern alles in tiefer Dankbarkeit auf Gott
verweisen.
Andererseits, kein Fehler sollte uns entmutigen,
so lange wir
unser Bestes getan haben.

Gott sieht unsere Liebe.
Gott wird nicht fragen,
wie viele Bücher wir gelesen haben,
wie viele Wunder wir bewirkt haben,
sondern ob wir unser Bestes getan haben aus
Liebe zu ihm.

Haben wir gut gespielt?
Gut geschlafen?
Gut gegessen?

Nichts ist zu klein für Gott.

WIR SIND SO KLEIN.
Wir sehen die Dinge in einer kleinen
Weise. Aber Gott, der der Allmächtige ist,
sieht alles groß.
Deshalb – selbst wenn du einen Brief für einen
Blinden schreibst
oder du nur zu ihm gehst,
bei ihm sitzest oder ihm zuhörst
oder du nimmst die Post für ihn mit –

oder du besuchst jemanden
oder du bringst jemandem eine Blume

– kleine Geschenke –

oder du wäschst die Kleidung für jemanden
oder du reinigst das Haus.
Sehr einfache Arbeiten.

Da ist es, wo du und ich sein müssen,
denn es gibt viele Menschen, die große Dinge
tun können, aber es gibt wenige Menschen,
die die kleinen Dinge tun wollen.

E S IST SO WUNDERBAR,
daß wir einander ergänzen!
Was wir in den Slums tun – vielleicht kannst du
das nicht tun.
Was du auf dem Platz tust, auf den du berufen
bist
– in deiner Familie, in deinem Studium, in deinem Beruf –
wir können das nicht tun.

Aber du und wir zusammen tun etwas Wundervolles für Gott.

L ASST UNS DIE FROHE BOTSCHAFT
verbreiten,
daß das Gebet unsere Stärke ist.

OFT SIEHST DU DÜNNE UND DICKE DRÄHTE, neue und alte, billige und teure elektrische Kabel. Allein sind sie nutzlos, und so lange der Strom nicht hindurchfließt, wird es nicht hell werden.

Der Draht, das bist du und das bin ich. Der Strom ist Gott.

WIR HABEN DIE KRAFT, den Strom durch uns hindurchfließen zu lassen und ihn zu gebrauchen, um das Licht der Welt zu schaffen, oder wir können es ablehnen, gebraucht zu werden, und dadurch der Dunkelheit die Möglichkeit geben, sich auszubreiten.

WENN DU GELERNT HAST,
wie du beten sollst,
dann habe ich keine Sorge um dich.

Wenn du weißt, wie du beten sollst,
dann wirst du das Gebet lieben –

und wenn du das Gebet liebst,
dann wirst du beten.

Das Wissen darum wird zur Liebe führen
und die Liebe zum Dienen.

IHR SOLLTET EURE EIGENEN ERFAHRUNGEN
über die Notwendigkeit des Betens
untereinander teilen, und darüber sprechen,
wie ihr das Gebet gefunden habt und was die
Frucht des Gebetes in eurem eigenen Leben
gewesen ist.

Zeiten der Besinnung

Mutter Teresa befürwortet besonders, daß man zeitweise aus der täglichen Routine herauskommt, auch aus der üblichen geistlichen Routine, um das Gebetsleben zu gestalten und zu erneuern. Vielleicht die beste Art damit zu beginnen, nach Orten der Einkehr zu suchen, ist es, daß man bei Freunden am Ort, Familienmitgliedern, geistlichen Beratern oder bewährten Gruppenleitern fragt und um Vorschläge bittet.

(Sei erfinderisch und liebenswürdig beharrend in diesem Punkt! Klopfe an, und schließlich wird dir die richtige Tür aufgetan werden.)

Während es immer sinnvoll ist, zu überlegen, den ersten Schritt zu einer solchen Reise durch Kontakte in der örtlichen Gemeinschaft zu machen, müssen manche Menschen in die Ferne und Weite gehen, um herauszufinden, wohin ihr Weg sie führen soll. Hier sind einige Orte aufgezählt, wo Sie auch Kontakte zu weiteren Zentren der Einkehr finden können.

Oasen der Stille – Orte der Meditation

Haus der Stille
Am kleinen Wannsee 9
14109 Berlin
Tel.: 030/8053064

Haus St. Ansgar
Kloster Nütschau
Schloßstraße 2
23843 Travenbrück
Tel.: 04531/5004-0

Loccumer Arbeitskreis
für Meditation e. V. (LAM)
Evangelische Akademie
31547 Rehburg-Loccum

Haus der Stille
Kastanienallee 6
39291 Möser b. Magdeburg
Tel.: 039222/263

Bischof-Ketteler-Haus
Exerzitienhaus der Diözese
Mainz
Herrn Klaus Stemmler
Konviktsweg 23
64807 Dieburg
Tel.: 06071/9632-0

Ökumenisches Meditations-
zentrum Neumühle
66693 Mettlach
Tel.: 06868/790

Geistliches Zentrum Sasbach
Am Kältenbächel 4
77880 Sasbach
Tel.: 07841/3025

Sonnenhof
Holzinshaus 1
79677 Schönau
Tel.: 07673/372

Exerzitienhaus München
Schloß Fürstenried
81475 München
Tel.: 089/7555064

Erzabtei St. Martin
– Gästehaus
88631 Beuron
Tel.: 07466/17158

Arbeitskreis Meditation i. d.
Evang. Luth. Kirche i. Bayern
Neuendettelsauer Straße 4
90449 Nürnberg
Tel.: 0911/678578

Haus St. Benedikt
St.-Benedikt-Straße 3
97072 Würzburg
Tel.: 0931/3050410

Bildungshaus Batschuns
A-6832 Batschuns, Vorarlberg
Tel.: 05522/44290

Bildungshaus Bad Schönbrunn
CH-6313 Edlibach/ZG
Tel.: 0041/42/534444

Die Adressen sind entnommen dem Band „Meditieren – wie und
wo? Ein Führer mit 500 Adressen von Lehrern, Häusern und Zentren", Freiburg 1995, Verlag Herder.

Empfohlene Literatur

Die folgende Aufstellung enthält nur Bücher, die zum Zeitpunkt der Drucklegung dieses Buches lieferbar waren – um dem Leser leicht zugängliche Anregungen zu geben und auch die Liste überschaubar zu halten.

Mutter Teresas geistliche Weisheiten

Diese Werke können in zwei Kategorien eingeteilt werden: relativ kleine „Edelsteine" (Bändchen, die darauf abzielen, eine gute, aber begrenzte Probe dieser Gedanken zu geben) und solche, die Standardwerke sein wollen. Alle sind ausgesprochen christlich zentriert (einige mehr als andere), und alle betrachten Mutter Teresas Gedanken zum Gebet als eines von mehreren Themen.

Auch biographische Werke sind in dieser Bibliographie aufgeführt.

Diese Bücher können Sie in Buchhandlungen kaufen, die besonders Bücher aus dem religiösen Bereich führen; sie können aber auch in allen übrigen Buchhandlungen bestellt werden, sollten sie dort nicht am Lager sein.

Allegri, Renzo: Mutter Teresa. Ein Leben für die Ärmsten der Armen. Aus d. Ital. V. Liesenfeld, Stefan. München 1996.

Chawla, Navin: Mutter Teresa. Die autorisierte Biographie. München 1997.

Mutter Teresa. Die Kraft der Liebe. Ed. Kiefel. 1997.

Smoltczyk, Alexander: Mutter Teresa. Ein Leben für die Menschlichkeit. Wien 1995.

Spink, Kathryn: Mutter Teresa. Ein Leben für die Barmherzigkeit. 1997. 368 S., 16 schw.-w. Abb.

Vardey, Lucinda: Mutter Teresa – Der einfache Weg. 1997.

Weskott, Martin: Mutter Teresa. Texte und Materialien für Kirche, Schule, Erwachsenenbildung, Kurse und Gruppen. 1998. 70 S. (Dritte Welt Material) ‚Informationszentrum Dritte Welt Hann.'

Teresa (Mutter): Leben, um zu lieben. Jahreslesebuch, hg. v. Gonzàles-Balado, José L. Ausgew. u. übers. v. Zankel, Claudia. 1999, ca. 400 S.

Mutter Teresa – Frère Roger: Gebet. Quelle der Liebe, Verlag Herder, Freiburg i. Br. Erw. Neuausgabe 1999.

Teresa (Mutter): Zeiten der Barmherzigkeit. Herder/Spektrum Band 4373, Freiburg 1997.

Teresa (Mutter): Die Sprache des Herzens. Gedanken für jeden Tag. Herder/Spektrum Band 4616, Freiburg 1997.

Dienen in Freude. Meditationen und Gebete der Mutter Teresa von Kalkutta, hg. v. Christian Zippert, Kiefel Verlag GmbH, Wuppertal/Gütersloh 1994.

Es gibt viele gute Bücher über das Gebet. Die folgende Aufstellung ist leider bei weitem nicht erschöpfend, enthält aber wichtige Werke. Sie ist beschränkt auf Bücher, die sich hauptsächlich mit dem Gebet beschäftigen.

Christliche Gebetbücher

Wenn Sie sich nicht als Christen bezeichnen wollen und dennoch beginnen, christlich-religiöse Schriften zu lesen, so möchte ich einen Vorschlag dazu machen: Sie könnten einen anderen Namen einsetzen, der Ihnen etwas bedeutet, wenn die Bezeichnung „Christ" Ihnen nicht völlig geeignet erscheint oder Sie sich unwohl dabei fühlen. Stellvertretend könnte eingefügt werden: „ein wahrhaft guter Mensch" „ein offener und reifer Mensch", „ein heiliger Mensch", „ein Mensch, der versucht, sein Bestes zu tun", „einer der beten lernt" oder „ein ernsthaft geistlich Suchender". Wo ehrfürchtig von Jesus gesprochen wird, trifft das vielleicht nicht das Wesentliche, aber wo allgemeine Einsichten über Verehrung und Gebet und geistliche Arbeit die Themen sind, da wird Wichtiges angesprochen. Es mag einige legitime Einwände gegen diese Einstellung geben. Trotzdem, es scheint, daß oft „Christ" oder andere Bezeichnungen, wie „Jude" oder „Muslim", in ihren eigenen Gruppierungen als Synonyme für „ein wirklich guter Mensch" oder ähnlich gebraucht werden, und wenn dies so geschieht, ist das oft ein Rest eines eher kleinlichen Zeitgeistes. Ich glaube, gerade in dieser Zeit ist es wichtig zu versuchen, uns für die Schriften unserer Brüder und Schwestern in anderen Kulturen zu öffnen und die

Grundgedanken dieser anderen Traditionen zu übersetzen, unseretwegen und wegen der Mitgefährten auf diesem Weg. Dies ist vielleicht besonders entscheidend – heutzutage und in unserem Jahrhundert. Nachfolgend einige Bücher zum Gebet aus christlichem Geist:

Beten durch die Schallmauer. Impulse und Texte. Vorw. v. Reding, Josef, hg. v. Bundesleitung d. Katholischen Jungen Gemeinde. 10. Aufl. 1997.

Lambert, Willi: Beten im Pulsschlag des Lebens. Gottsuche mit Ignatius von Loyola. 2. Aufl. 1998. Herder Freiburg.

Michaëlle: Beten mit Körper, Seele und Geist. Übungen aus dem Hatha Yoga. 1979. Matthias-Grünewald.

Rotzetter, Anton: Beten mit Franz von Assisi. Impulse Tag für Tag. 1998. Herder Freiburg.

Schaffer, Ulrich: Beten über Worte hinaus. 4. Aufl. 1997. Kreuz-Verlag.

Grün, Anselm: Gebet als Begegnung, hg. v. Mönchen d. Abtei Münsterschwarzach. 6. Aufl. 1997. Vier Türme.

Grün, Anselm: Gebet und Selbsterkenntnis, hg. v. Mönchen d. Abtei Münsterschwarzach. 7. Aufl. 1994. Vier Türme.

Guardini, Romano: Das Gebet des Herrn. 6. Aufl. 1994. Matthias-Grünewald.

Keating, Thomas: Gebet der Sammlung. Eine Einführung und Begleitung des Kontemplativen Gebetes. 4. Aufl. 1995. Vier Türme.

Pesch, Otto H.: Das Gebet. 1980. Matthias-Grünewald.

Gebete aus dem Judentum

Die oben stehenden Gedanken über das Wort „Christ" sind ebenso auf das Wort „Jude" zu verwenden. Gerade weil wir unsere eigenen Traditionen hochhalten, müssen wir uns auch daran erinnern, daß in der Geschichte eine verletzende Feindschaft Gruppen von Gläubigen getrennt hat und damit die Sicht auf andere Gruppen verschleiert hat. Wir müssen daran denken, und wir müssen unser Äußerstes tun, dies bei uns selbst zu erkennen, daran zu arbeiten und langsam (oder unverzüglich!) darüber hinwegzukommen. Lassen wir nicht zu, niemals, daß wir uns fernhalten von der Spiritualität und dem Verständnis dessen, was in anderen religiösen Traditionen enthalten ist, auch wenn die Werke nur auf eine einzelne Gruppe zu zielen scheinen.

Wer sich über jüdisches Beten informieren will, greife zu:
Jakob J. Petuchowski: Wie Juden beten. Aus d. Engl. v. Petuchowski, Elizabeth R., Gütersloh 1998.

Gebete aus dem Islam

Beten ist der Mittelpunkt der islamischen Spiritualität. Einer der fünf „Pfeiler" im Islam ist das tägliche Gebet *(salat)*, welches aus einer Folge von vorgeschriebenen Bewegungen besteht, während Suren oder Kapitel aus dem Koran rezitiert werden. Andere Formen des Gebetes enthält die *du'a* oder persönliche inständige Bitten; *dhikr* oder meditatives Gedenken an ein heiliges Wort oder eine Formel: und *munajat* oder anbetendes Gespräch zwischen dem Liebenden und dem göttlichen Geliebten. Eine hilfreiche Einführung zum Gebet im Islam ist:

Annemarie Schimmel, Denn dein ist das Reich. Gebete aus dem Islam, Kandern ³1995.

Den Lesern anderer Religionen

Meine Forschungen haben sich auch auf Werke gerichtet, die dem Gebet von östlichen und nationalen Traditionen gewidmet sind. Zum Beispiel ist das Gebet natürlich auch in den buddhistischen und hinduistischen Traditionen herausragend. Dort gibt es ernsthafte Regeln für meditative Praktiken. Die Form solcher Gebete besteht oft in der Wiederholung von religiösen Formeln aus heiligen Büchern (in der westlichen Welt als „mantras" bekannt). Vergleiche dazu folgendes Buch:

Eknat Easwaran, Meditieren als Lebenskunst. Acht Schritte zu innerer Harmonie und zur Entfaltung des eigenen Potentials. Herder/Spektrum Band 4683, Freiburg 1998.

Mit den besten Wünschen für Ihre Forschungen. Ich verspreche Ihnen, daß unvorhergesehene Schätze Sie erwarten werden.

Quellenhinweise und Dank

Ganz herzlich danke ich Schwester Priscilla und den „Missionaries of Charity" in Kalkutta, die mir die Erlaubnis zur Zusammenstellung dieser Sammlung gaben, auch für ihre Mitwirkung während der Herstellung. Ein Teil der Einnahmen aus dem Verkauf des Buches wird an die „Missionarinnen der Nächstenliebe" gehen. Wenn Sie weitere Informationen über die Arbeit des Ordens haben möchten, können Sie sich an folgende Adressen wenden:

Missionarinnen der
Nächstenliebe
54 A. Lower Circular Road
Calcutta W.B. 700016
Indien

Brüder des Göttlichen Wortes
Via di Dragoncello 71
I-00126 Acilia (Roma)
Italien

Ich habe alle Hebel in Bewegung gesetzt, in meinen Bemühungen, Druckgenehmigungen zu erhalten. Wenn etwas übersehen wurde, bitte ich darum, daß der Geschädigte sich mit mir in Verbindung setzt, so daß in möglichen weiteren Auflagen eine Berichtigung erscheinen kann.

Es sollte erwähnt werden, daß es erhebliche Überschneidungen in Mutter Teresas Schriften gibt. Ich habe für jeden Textteil in diesem Band eine Quelle genannt. Doch viele dieser Meditationen sind in verschiedenen Büchern zu finden.

Wo Quellenangaben nach Ausgaben, die gebunden und kartoniert lieferbar sind, erfolgten, wurden die Seitenzahlen nach den gebundenen Ausgaben angegeben.

Besonderen Dank schulde ich

der „New World Library" für die Erlaubnis, aus den folgenden sieben Werken abzudrucken: *No Greater Love* (im folgenden: „Love") (New World Library, New York 1997) hg. v. Becky Benenate und Joseph Durepos; *Total Surrender* (im folgenden: „Surrender") (Servant Books, Ann Arbor 1985) hg. v. Bruder Angelo Devananda;

Jesus, the World to Be Spoken: Prayers and Meditations for Every Day of the Year (im folgenden „Jesus") (Servant Books, Ann Arbor 1986) zusammengestellt von Bruder Angelo Devananda; *Heart of Joy* (im folgenden: „Heart") (Servant Books, Ann Arbor 1987) hg. v. José Luis Gonzàlez-Balado; *One Heart Full of Love* (im folgenden „Full") (Servant Books, Ann Arbor 1984), hg. v. José Luis Gonzàlez-Balado; *Loving Jesus* (im folgenden „Loving") (Servant Books, Ann Arbor 1991), hg. v. José Luis Gonzàlez-Balado; *Suffering into Joy* (im folgenden: „Suffering") (Servant Books, Ann Arbor 1996), geschrieben von Eileen Egan und Kathleen Egan;

„Penguin India", für die Erlaubnis aus *The Joy of Loving* (im folgenden: „Loving") (Viking Penguin, New York, Original-Copyrigth 1996), zusammengestellt von Jaya Chaliha und Edward Le Joly, abzudrucken;

„Ballantine Books" für die Erlaubnis, aus *A Simple Path* (im folgenden: „Path") (Ballantine, New York 1995), zusammengestellt von Lucinda Vardey, abzudrucken;

„SPCK" (the Society to Promote Christian Knowledge) für die Erlaubnis, aus folgenden zwei Werken abzudrucken: *Life in the Spirit* (im folgenden: „Spirit") (Harper and Row, San Francisco 1983), hg. v. Kathryn Spink; *I Need Souls like You* (im folgenden: „Souls") (Harper and Row, San Francisco 1984), hg. v. Kathryn Spink;

„HarperCollins" und „HarperCollins United Kingdom" für die Erlaubnis, aus den folgenden fünf Werken abzudrucken: *My Life for the Poor* (im folgenden: „Life") (Harper and Row, New York 1985), hg. v. José Luis Gonzàlez-Balado und Janet N. Playfoot; *The Love of Christ: Spiritual Counsels, Mother Teresa of Calcutta* (im folgenden: „Christ") (Harper and Row, San Francisco 1982), hg. v. Georges Gorree und Jean Barbier; *A Gift for God: Mother Teresa of Calcutta* (im folgenden: „Gift") (Harper and Row, New York 1975); *Mother Teresa: Her People and Her Work* (im folgenden: „People") (Harper and Row, New York 1976), hg. v. Desmond Doig; *Mother Teresa of Calcutta: A Biography* (im folgenden: „Calcutta") (Harper and Row, San Francisco 1983), von Edward Le Joly;

„Liguori Publications" und „José Luis Gonzàlez-Balado" für die Erlaubnis, aus den folgenden beiden Werken abzudrucken: *In My*

Own Words (im folgenden: „Words") (Liguori, Liguori, Missouri 1996), zusammengestellt von José Luis Gonzàlez-Balado (Seitenangaben in der neuen „Gramercy Books" Ausgabe sind mit vorangestelltem GB angegeben); *Always the Poor* (im folgenden: „Always") (Liguori, Liguori, Missouri 1980), hg. v. José Luis Gonzàlez-Balado;

„Ave Maria Press" für die Erlaubnis, aus *Words to Love By* (im folgenden „Words") (Ave Maria Press, Notre Dame, Indiana 1983), zusammengestellt von Frank J. Cunningham, abzudrucken.

Andere Quellen

Love: A Fruit Always in Seasons, herausgegeben von Dorothy Hunt (im folgenden: „Fruit") (Ignatius Press, San Francisco 1996); *Works of Love Are Works of Peace: Mother Teresa of Calcutta and the Missionaries of Charity,* herausgegeben mit Photos von Michael Collopy (im folgenden: „Works") (Ignatius Press, San Francisco 1996);

Mother Teresa von Navin Chawla (im folgenden: „Mother") (Element Books, Rockport, Maine 1992); *Such a Vision of the Street* von Eileen Egan (im folgenden: „Vision") (Doubleday, New York 1985).

Quellen der englischsprachigen Texte
in der Originalausgabe

Ferner habe ich zu danken:

Zunächst möchte ich sagen, daß so viele Menschen mir in der einen oder anderen Weise bei dieser Zusammenstellung geholfen haben, daß es selbst schon ein kleines Buch erfordern würde, jedem von ihnen einigermaßen angemessen zu danken. Statt dessen lassen Sie mich einfach nur aufrichtigen Dank all den namenlosen Helfern sagen. Sie wissen selbst, wer gemeint ist.

Eine Reihe von Menschen half mit kritischer Stellungnahme. Herzlichen Dank meinem Verleger Steven Scholl und den drei Literaturagenten, die zu verschiedenen Zeiten einbezogen waren – Kim Witherspoon, Gideon Weil und Michele Rubin.

Großen Dank schulde ich auch meiner Familie, vor allem meiner Frau Laura und unseren drei Kindern, Charles, Joe und Marguerite, dafür, daß sie die Zeit mit mir getragen haben, die diese Arbeit erfordert hat. Ich weiß, daß sie oft – mit erheblichem Nachdruck – empfanden, daß sie plötzlich unser Familienleben mit einem Fremden aus einem fernen Land teilten.

Ein besonderer Kreis in der publizierenden Welt arbeitete besonders entscheidend für mich – die Herausgeber und Verleger früherer Zusammenstellungen der Weisheiten Mutter Teresas, einschließlich Dorothy Hunt, Lucinda Vardey, Becky Benenate, Father Edward Le Joly, Bert Ghezzi, José Luis Gonzàlez-Balado, Kathryn Spink, Bruder Angelo Devananda, Eileen Egan, Kathleen Egan, Joseph Durepos, Desmond Doig und Jaya Chaliha. Die ersten fünf dieser Gruppe schenkten mir großzügig von ihrer Zeit, stellten ferner ihre Hilfe zur Verfügung, um das Erscheinen dieses Buches möglich zu machen. Die Begeisterung anderer für dieses Projekt verlieh mir Aufschwung, besonders Peter Edelman, Kris Keimann, Amy Edelman, Paul Cash und Marcia Broucek. Marcia machte mich auch aufmerksam auf die wichtigen im Entstehen begriffenen Werke, eingeschlossen solcher in der Muttersprache Mutter Teresas.

Dank auch an Janet Murphy und all ihre Mitarbeiter in der „Hastings-on-Hudson Public Library" für ihre unermüdlichen Bemühungen, Bücher in der Fernleihe zu erhalten. Rowie Edelman und Debbie Boylan in der Buchhandlung „Good Yarns" gaben ebenso wertvolle Hilfestellung.

Dank ebenfalls an Sarah Sprague, Aaron Silverman und Molly Maguire für ihre Unterstützung des Buches.

Zum Schluß möchte ich meine tiefe Dankbarkeit den drei Menschen ausdrücken, die mich in meinen Kindheits- und Jugendjahren in die Welt des Gebetes einführten: Annie Lee, Frank J. Bertino und Rudi.